Les Droits et les Obligations

DES

ENTREPRENEURS DE TRAVAUX PUBLICS

PAR

ALFRED DOUSSAUD

AVOCAT

ANCIEN COMMISSAIRE DU GOUVERNEMENT PRÈS LE CONSEIL DE PRÉFECTURE
DE LA CORRÈZE
ANCIEN CHEF DE CONTENTIEUX DE DIVERSES COMPAGNIES
DE CHEMINS DE FER ET SOCIÉTÉS FINANCIÈRES
ETC., ETC.

EXTRAIT DU *Journal Général de l'Algérie et de la Tunisie.*

Des ordres de service et des réserves

Chaque jour la profession d'entrepreneur de travaux devient plus difficile, d'abord à cause de la concurrence et des rabais énormes consentis imprudemment, mais surtout parce qu'il ne suffit plus de bien exécuter et qu'il est indispensable, à peine de ruine, de prendre en temps utile les mesures préservatrices nécessaires pour sauvegarder *et poser ses droits.*

Un entrepreneur doit donc, s'il ne veut pas compromettre ses intérêts, ou s'assurer le concours d'un conseil éclairé qui le guidera sûrement, ou — ce qui nécessite des études aussi longues que spéciales, — connaître à fond toutes ses obligations envers l'Administration, et celles de l'Administration envers lui, avec les moyens que lui donne le marché, de les faire exécuter.

Un des points les plus importants à signaler dans cet ordre d'idées, est celui relatif aux ordres de service et aux réserves auxquelles ils peuvent donner lieu.

Les ordres de service, qu'on pourrait appeler : *Le mode officiel de communication du directeur des travaux avec l'entrepreneur,* sont assurément les documents principaux de l'exécution. Ils constituent, pour l'Administration, l'interprétation et l'application du marché ; ils font courir les prescriptions et les déchéances, deviennent obligatoires quand ils ne sont pas l'objet de réserves formulées dans les délais fixés ; en un mot, *dominent* toutes les questions litigieuses *en posant les bases du règlement définitif.*

Leur importance est donc considérable, qu'il s'agisse de travaux des Ponts et Chaussées ou d'entreprise d'ouvrages du Génie militaire.

I. — Travaux des Ponts et Chaussées

Les articles 6 et 7 du cahier de 1833 qui leur sont relatifs, étaient conçus en ces termes :

Article 6. — « *A l'époque fixée par l'ad-* « *judication, l'entrepreneur mettra la main à* « *l'œuvre* ; il entretiendra constamment un « nombre suffisant d'ouvriers ; il exécu- « tera tous les ouvrages, en se confor- « mant strictement aux plans, profils, « tracés, instructions et ordres de service

« qui seront *donnés par les ingénieurs*, ou « leurs préposés. »

Article 7.— « Il se conformera, pendant le « cours du travail, aux changements qui « lui seront ordonnés par écrit, et sous la « responsabilité de l'ingénieur, pour des « motifs de convenance, d'utilité ou d'éco- « nomie, et il lui en sera fait compte. »

C'était, on le voit, le régime du bon plaisir parfaitement organisé au profit de l'Administration, libre de faire à son gré, et pour n'importe quel motif, toutes les modifications qui lui plaisaient.

Aussi Chatignier, dans son commentaire du cahier de 1866, disait-il en parlant de ces deux articles : « Il y a longtemps que « les dispositions excessives du cahier de « 1833 étaient condamnées par l'opinion « publique, et l'on a peine à expliquer « comment elles ont survécu jusqu'ici. »

L'article 10 des clauses et conditions de 1866 qui les remplaça, était ainsi mo- difié :

« *L'entrepreneur doit commencer les travaux* « *dès qu'il en a reçu l'ordre de l'ingénieur.* Il « se conformera strictement aux plans, « profils, tracés, ordres de service, et, « s'il y a lieu, aux types et modèles qui « lui seront donnés par l'ingénieur ou ses « préposés, *en exécution du devis.*

« L'entrepreneur se conforme égale- « ment aux changements qui lui sont « prescrits pendant le cours du travail, « *mais seulement lorsque l'ingénieur les a or-* « *donnés par écrit et sous sa responsabilité.* Il « ne lui est tenu compte des changements « *qu'autant qu'il justifie de l'ordre écrit de* « *l'ingénieur.* »

Il constituait assurément un progrès, aussi le ministre disait-il dans sa circu- laire : « L'Administration a évidemment « fait tous ses efforts pour se rapprocher « du droit commun et a amélioré, de la « manière la plus sérieuse, la situation « des entrepreneurs. »

Il était loin, cependant, d'être parfait et surtout complet. Il avait notamment le tort de ne pas conserver la disposition de l'article 6, précisant que les travaux se- raient commencés *à l'époque fixée par l'ad- judication* et de laisser à l'ingénieur le droit d'en déterminer la date à sa conve- nance.

Les plaintes des entrepreneurs, long- temps formulées, ont enfin reçu satisfac- tion.

L'article 10 du nouveau cahier du 16 fé- vrier 1892 a voulu — suivant l'expression de la circulaire ministérielle, — « tenir « compte des réclamations reconnues « fondées des entrepreneurs. »

Ses dispositions sont les suivantes :

« L'entrepreneur doit commencer les « travaux dès qu'il en a reçu l'ordre de « l'ingénieur.

« Il reçoit gratuitement de l'ingénieur, « au cours de l'entreprise, une expédition « certifiée de chacun des dessins de détail « et autres documents nécessaires à l'exé- « cution des travaux.

« Il se conforme strictement aux plans, « profils, tracés, ordres de service, et, s'il « y a lieu, aux types et modèles qui lui « sont donnés par l'ingénieur ou par ses « préposés, en exécution du devis.

« L'entrepreneur se conforme égale- « ment aux changements qui lui sont « prescrits pendant le cours du travail, « mais seulement lorsque l'ingénieur les « a donnés par écrit et sous sa responsa- « bilité. Il ne lui est tenu compte de ces « changements qu'autant qu'il justifie de « l'ordre écrit de l'ingénieur.

« Lorsque l'entrepreneur estime que « les prescriptions d'un ordre de service « dépassent les obligations de son mar- « ché, il doit, sous peine de forclusion, « en présenter l'observation écrite et mo- « tivée dans un délai de dix jours. La ré- « clamation ne suspend pas l'exécution « de l'ordre de service, à moins qu'il n'en « soit autrement ordonné par l'ingé- « nieur. »

I

Comme l'ancien article 10 de 1866, le nouveau de 1892 n'a pas conservé, dans son premier §, la rédaction de l'article 6, de 1833, qui avait l'incontestable mérite de préciser l'époque du commencement des travaux, laquelle se trouve abandon- née, aujourd'hui, à l'appréciation de l'in- génieur. Assurément les entrepreneurs n'ont rien à gagner avec cette faculté laissée à l'Administration.

Cela est si vrai, qu'il est arrivé que l'Administration a souvent retardé pen- dant un temps considérable, quelquefois plus d'une année, le commencement des travaux, et même l'approbation de l'adju- dication : si bien que, pour mettre une limite à cet abus, l'art. 5 a dû donner à l'entrepreneur la faculté de renoncer au bénéfice de l'adjudication lorsqu'elle n'a pas été approuvée dans les 30 jours qui la suivent.

Le préjudice éprouvé par l'entrepreneur à raison du retard apporté par l'Administration à l'exécution des travaux lui ouvre un droit à indemnité consacré par de nombreux arrêts.

Nous ne parlons pas ici de l'*ajournement des travaux pour plus d'une année* ou de leur *cessation absolue*, ordonnés par l'Administration, donnant droit à la résiliation et à une indemnité s'il y a lieu, aux termes de l'art. 34 des clauses et conditions générales : mais seulement des *retards* dans l'exécution, *provenant du fait de l'Administration*.

Dès 1859, le Conseil d'Etat décidait que tout retard contraire aux prévisions des parties contractantes et préjudiciable à l'entreprise, donnait ouverture au profit de celle-ci à un *droit à indemnité*.

Et cette jurisprudence s'est maintenue, comme le prouvent les décisions suivantes :

— Arrêt du 17 février 1859 :

Boussoulot

« Considérant qu'il résulte de l'instruction et notamment du rapport des experts que le retard dans l'achèvement des travaux ne peut être attribué qu'aux vices du projet primitif et aux changements nombreux et importants qui y ont été apportés en cours d'exécution, ainsi qu'à la remise tardive, faite à l'entrepreneur, des ordres de l'architecte ; que, dès lors, c'est avec raison que le Conseil de Préfecture a rejeté la demande de la ville de Bayonne, tendant à ce qu'il fût fait application à l'entreprise des pénalités de l'article 10 du cahier des charges. »

— Arrêt du 17 février 1859 :

Perrin et Aubriot

« Considérant que les sieurs Perrin et Aubriot, adjudicataires, suivant procès-verbal du 22 mars 1852, des travaux des maçonneries et de carrelage de la maison d'école, rue des Prêtres-St-Germain-l'Auxerrois, n'ont reçu l'ordre de commencer les travaux qu'au mois de juillet 1852 ;

« Mais, considérant que ce retard n'avait rien d'excessif ; qu'aucune disposition du cahier des charges ne fixait le délai dans lequel les travaux devaient être commencés ou achevés ; et qu'aux termes de l'article 8, les entrepreneurs ne pouvaient mettre la main à l'œuvre qu'après avoir reçu l'ordre écrit de l'architecte ; que, du

reste, il n'est pas établi que les entrepreneurs aient mis l'Administration en demeure de leur livrer le terrain sur lequel ils devaient élever leur construction ; que, dès lors, c'est à tort que le Conseil de Préfecture a condamné la ville à leur payer une indemnité ; annule. »

— Arrêt du 27 juillet 1870 :

Bétourné

« Considérant que l'arrêté attaqué, sans entrer dans l'examen des clauses et conditions du cahier des charges de l'entreprise concédée au sieur Bétourné et dans l'appréciation au fond des droits qui pourraient résulter, pour l'une ou l'autre des parties contractantes du contrat intervenu, s'est borné à prescrire une expertise à l'effet de rechercher quelle avait été, au moment de l'adjudication, la commune intention des parties relativement à l'époque où les travaux devaient être commencés, et au cas où il serait reconnu qu'il était survenu, par le fait de l'Administration, un retard dans leur exécution, s'il était résulté de ce retard un dommage pour l'entrepreneur et qu'elle en serait la réparation ;

« Qu'il suit de là que l'Administration de l'assistance publique n'est pas fondée à soutenir que ledit arrêté en décidant, dès à présent, qu'il pourrait y avoir lieu à raison des faits allégués par l'entreprise à la résiliation de l'entreprise, aurait fait une fausse interprétation des clauses et conditions du cahier des charges et qu'il y a lieu de rejeter sa demande. »

— Arrêt du 4 juillet 1872 :

Agustinetty

« Considérant que si, aux termes de l'article 10 du cahier des clauses et conditions générales, le droit de fixer l'époque du commencement des travaux est réservé aux ingénieurs, cette disposition ne fait pas obstacle à ce qu'il soit alloué une indemnité à l'entrepreneur, dans le cas où, par suite d'une faute imputable à l'Administration, l'entreprise a été empêchée de commencer les travaux pendant un laps de temps dépassant considérablement les délais qui avaient pu être prévus par les parties, au moment de l'adjudication ;

« Qu'il résulte de l'instruction que si l'ordre de commencer les travaux, adjugés le 27 décembre 1867, n'a été donné que le 5 septembre 1868, ce retard provient de ce que l'Administration avait à tort fait procéder à l'adjudication, sans s'être assuré qu'elle pouvait livrer les terrains nécessaires en temps utile, et qu'il n'est pas même allégué que l'adjudicataire ait été prévenu que ces terrains n'étaient pas encore expropriés ;

« Considérant qu'il est reconnu par l'Administration que ce retard a causé un préjudice au sieur Agustinetty. »

Arrêt du 29 septembre 1872 :

Artigue

« Considérant qu'aux termes de l'article 44 du devis, l'Administration devait, au commencement de chaque campagne, remettre à l'entrepreneur un état indiquant les travaux à exécuter, l'ordre de ces travaux et le délai dans lequel ils devaient être terminés ; que si cette clause lui laissait le droit de désigner, dans l'intérêt du service, le moment où commenceraient les travaux, il serait évidemment contraire à l'intérêt des parties d'admettre qu'elle l'autorisait à faire attendre indéfiniment à l'entrepreneur l'ordre d'ouvrir ses chantiers, sans être tenu de l'indemniser du préjudice que ce retard lui aurait causé ; que cette interprétation serait d'autant moins équitable que l'entrepreneur était obligé de prendre les mesures nécessaires pour être en état, dès le commencement de la campagne, d'exécuter les ordres qui lui seraient donnés ;

« Considérant qu'il est établi par l'instruction, que si le sieur Artigue a reçu l'ordre de commencer ses travaux plus de 16 mois après l'adjudication, ce fait est imputable exclusivement à l'Administration, qui, après la conclusion du traité, a renoncé au tracé qui avait servi de base à l'adjudication et a mis à l'étude un projet complètement différent ; que, dans ces circonstances, c'est à tort que le Conseil de Préfecture a rejeté la demande d'indemnité du sieur Artigue ;

« Considérant que l'Administration, en ordonnant à Artigue de n'exécuter immédiatement qu'une partie des travaux n'a fait qu'user du droit que lui conférait l'article 44, de régler l'ordre des dits travaux. »

Arrêt du 4 juillet 1873 :

Alaux

« Considérant que les travaux d'ouverture du canal de la Dives devaient être opérés d'aval en amont pour permettre aux eaux de s'écouler vers la mer ; que, par suite des retards dans la livraison de certains terrains, l'entrepreneur a dû renoncer à cette manière d'opérer ; que les fouilles ayant été, en conséquence, souvent envahies par les sources, le sieur Alaux a été plusieurs fois obligé de déplacer ses chantiers et de licencier ses ouvriers ; que ces faits lui ont causé un préjudice dont il doit être indemnisé ; »

Arrêt du 26 décembre 1873 :

Serratrice et Agunestty

« Considérant que, presque immédiatement après l'adjudication, l'Administration a mis les entrepreneurs en possession des terrains sur une longueur de 3 kilomètres, qui comprenaient la majeure partie des terrassements et ouvrages d'art ; que, si le surplus des terrains a été livré plus tardivement, aucune clause du marché n'obligeait le département à livrer simultanément et à une époque déterminée, la totalité des parcelles à exproprier ; que les retards n'ont eu rien d'excessif ;

« Considérant, d'ailleurs, que le préjudice dont ils se plaignent aurait consisté dans l'obligation de faire les transports de matériaux par l'ancien chemin, au lieu de se servir de celui qui était en construction ; et que rien ne démontre que l'usage de cette route, dans l'état où elle se trouve, eût été plus avantageux ; »

Arrêt du 26 juillet 1889 :

Renard

« Considérant que l'entrepreneur allègue que des retards considérables se sont produits dans la remise des terrains composant son entreprise ; qu'il résulte en effet, de l'instruction, qu'une grande partie des terrains n'a pu être livrée que plus d'un an après l'adjudication, alors que les travaux devaient être achevés dans un délai de 18 mois ; qu'en de telles circonstances, l'article 124 du cahier des charges n'est pas applicable au sieur Renard, mais qu'il doit lui être tenu compte des retards allégués par lui dans la mesure où il établira en avoir souffert ; que c'est à tort que le Conseil de Préfecture n'a pas renvoyé ce chef de réclamation à l'examen des experts. »

Arrêt du 15 mars 1892 :

Ormières

« Considérant que, si des retards dans la remise des plans ne peuvent être imputés à la ville, il résulte néanmoins de l'instruction que, par le fait de ses agents, les travaux ont été à plusieurs reprises interrompus ou ralentis, et qu'ils n'ont pu être terminés qu'en 1876, longtemps après l'expiration du terme prévu pour leur achèvement ; qu'ainsi le sieur Ormières, privé des avantages que la marche régulière de son entreprise devait lui procurer a subi un préjudice dont il lui est dû réparation. »

Arrêt du 24 mai 1895 :

Dame veuve Millet

« Considérant que, pour allouer une indemnité de 18.982 fr. au sieur Millet, le Conseil de Préfecture s'est fondé sur ce que les travaux se seraient prolongés par le fait de l'Administration, pendant trois ans au delà de la durée qui pouvait leur être normalement assignée ;

« Considérant d'autre part que, sous le chef nº 22 de son arrêté, le Conseil de Préfecture a accordé au sieur Millet, à cause du retard causé par l'exécution en régie de certains travaux, des indemnités pour perte de frais généraux, dépréciation de matériel et manque à gagner ; que le sieur Millet ne peut avoir droit, à raison de ce retard, à une seconde indemnité ; »

Arrêt du 12 février 1897 :

Blanc

« Considérant qu'il résulte de l'instruction que l'approbation de l'adjudication des travaux de l'entreprise n'a été portée à la connaissance du sieur Blanc que le 30 juillet 1889 ; que, par suite et par application de l'article 8 des clauses et conditions générales, les ordres de service et les mises en demeure antérieures à cette date qui n'ont pas été notifiés au domicile réel de l'entrepreneur, doivent être considérés comme non avenues ;

« Considérant, d'autre part, que le sieur Blanc a réuni un aussi grand nombre d'ouvriers que le permettaient les conditions locales et a organisé ses chantiers de manière à satisfaire, dans la mesure du possible, aux ordres de service de l'ingénieur, que, dès lors, le ministre n'est pas fondé à soutenir que le Conseil de Préfecture a fait une inexacte appréciation des circonstances de l'affaire en décidant que la mise en régie de l'entreprise avait été prononcée à tort. »

Arrêt du 28 mai 1898 :

Abougit et Clair

« Considérant que les retards dont s'agit ne sont pas contestés par l'Administration ; qu'il résulte de l'instruction qu'ils ont été préjudiciables aux entrepreneurs et qu'il sera fait une exacte évaluation de l'indemnité à laquelle ils ont droit en la fixant à la somme de 5.115 fr. 12 c. ; »

Arrêt du 11 décembre 1874 :

Démont

« Considérant qu'il résulte de l'instruction qu'après l'époque pour laquelle il lui avait été prescrit de se tenir prêt à attaquer les travaux, le sieur Démont a dû subir plusieurs mois de chômage du fait de l'Administration et à raison des retards apportés à l'expropriation des terrains : qu'il en est résulté pour lui un préjudice considérable et que c'est avec raison que le Conseil de Préfecture lui a accordé, de ce chef, l'allocation d'une indemnité ; »

Arrêt du 26 février 1875 :

Agustinetty

« Considérant que l'Administration avait le droit de fixer l'époque du commencement des travaux, et qu'elle ne doit indemnité à l'entrepreneur qu'à raison de ce qu'elle a donné l'ordre de les commencer après un laps de temps dépassant considérablement les délais qui avaient pu être prévus par les parties au moment de l'adjudication ; que l'indemnité doit être calculée en prenant pour base la perte d'intérêts qu'il a subie sur le capital qu'il a dû conserver disponible, et le préjudice que lui a causé l'impossibilité d'employer son temps et son industrie. »

Il est donc certain que si, désormais, c'est à l'ingénieur qu'il appartient de donner l'ordre de commencer les travaux, il doit le faire dans les termes du marché ; sinon, l'Administration doit une indemnité à l'entrepreneur en réparation du préjudice que lui ont causé les ordres donnés à ce sujet, *contrairement aux prévisions des parties.*

C'est, du reste, ce que déclarait l'article

113 du cahier des charges, type de 1881, en ces termes :

« Tous les ordres de service à moins que mention n'en soit faite expressément par écrit, sont donnés *dans les limites des conditions du devis.* »

II

Le § 2 transporté de l'ancien article 6 au nouvel article 10, a subi une modification consistant à indiquer que les dessins et autres documents nécessaires à l'exécution sont délivrés à l'entrepreneur gratuitement et *en cours d'exécution.*

Cette disposition nouvelle, toute dans l'intérêt de l'Administration, n'a d'autre but que d'éviter les réclamations des entrepreneurs qui demandaient, avec raison suivant nous, que les dessins leur fussent remis avant l'ordre d'exécution.

L'entreprise valant, en effet, surtout par l'ingéniosité de l'entrepreneur, les combinaisons plus ou moins heureuses qu'il trouve pour faciliter l'exécution ; il est clair que celui-ci peut d'autant mieux organiser ses chantiers qu'il connaît plus complètement et d'avance les plans et dimensions des ouvrages qu'il a à faire. Mais l'Administration n'en a pas jugé ainsi et visant l'inconvénient, elle a écarté les avantages.

Aussi sommes-nous surpris de lire dans un commentaire des nouvelles clauses, émané d'hommes pratiques, le passage suivant à propos du nouvel article 10 :

« Le nouvel article 10 est l'un de ceux qui mettent le mieux en lumière la portée de la réforme actuelle, c'est-à-dire le désir d'éviter les contestations et celui de mettre à la disposition de l'entrepreneur les moyens de prévenir les difficultés..... Pour faciliter la marche régulière et active de l'entreprise, l'article 10 nouveau prescrit que l'entrepreneur recevra gratuitement de l'ingénieur, au cours de l'entreprise, une expédition certifiée de chacun des dessins. »

Malgré l'affirmation, le progrès n'apparaît pas.

En effet, la remise gratuite insérée dans l'article 10 était déjà consacrée par l'usage et l'ancien art. 6 ; d'un autre côté, les entrepreneurs demandant que les devis et documents leur fussent remis avant l'ordre de commencer les travaux, ce n'est pas parce que la remise leur en est faite *après*, que la marche de l'exécution sera plus active, au contraire.

Mais, si la remise antérieure au commencement des travaux ne peut plus être exigée de par les nouvelles clauses, l'entrepreneur n'en a pas moins le droit de demander que les documents utiles lui soient remis *à temps* ou sinon une indemnité pour le préjudice qu'a pu lui causer le retard de l'Administration.

Aucun doute n'est possible sur ce point aussi bien avec l'art. 10 nouveau qu'avec l'art. 6 ancien, comme le constate la décision ci-après :

Arrêt du 20 mars 1891 :

Hospice de Château-Chinon-Boillot

« Considérant qu'il résulte de l'instruction et notamment de la correspondance échangée entre le sieur Boillot, l'architecte et le président de la commission administrative de l'hospice, que les plans partiels ainsi que les ordres relatifs à l'exécution de certains travaux ont été donnés tardivement à l'entrepreneur malgré ses réclamations ; que ces retards ont eu pour conséquence de gêner et de rendre plus lente la marche de ces travaux et de lui occasionner des dépenses supplémentaires de transport pour une partie de la pierre de taille ; qu'enfin les détériorations causées par la gelée à une certaine quantité de pierres de taille sont également les conséquences du retard apporté à la remise des plans, l'extraction et le transport de ces matériaux n'ayant pu se faire dans la saison favorable.

« En conséquence, l'hospice paiera au sieur Boillot la somme de .... à titre d'indemnité ».

On comprend, en effet, facilement que l'entrepreneur a besoin, pour faire son approvisionnement, de connaître à l'avance la nature, la provenance, la quantité, etc., des matériaux qu'il doit fournir.

D'un autre côté, toute *exécution* suppose une *préparation.* Il faut installer les chantiers, se procurer les engins nécessaires, choisir un personnel, acheter un matériel, s'assurer la fourniture des matériaux à employer, au fur et à mesure des besoins. Tout cela demandant du temps et des capitaux importants, constitue *le moyen pratique d'exécuter les travaux adjugés,* mais n'est ni payé, ni compté à l'entrepreneur ; car on ne lui porte en compte, il ne faut pas l'oublier, que *le travail fait,* et c'est à lui seul qu'incombent tous les frais nécessaires pour atteindre ce but.

Il est donc équitable de l'indemniser, lorsque des retards provenant du fait de l'administration l'obligent à garder improductives toutes ces avances.

Il faut remarquer du reste, au point de vue historique, que l'article 6 du cahier de 1866, portait : « Les ingénieurs délivrent *gratuitement* une expédition certifiée des dessins et autres pièces nécessaires à l'exécution des travaux ».

Et de plus, il est à retenir que le prétendu progrès réalisé par l'article 10 du cahier de 1892 a consisté à intercaler dans son texte qu'il reçoit *au cours de l'entreprise* les dessins et documents d'exécution, délai qui n'était pas mentionné dans l'article 10 en 1866, et qui est autant à l'avantage de l'Administration qu'au détriment de l'entreprise, ainsi que nous venons de le démontrer.

Enfin, ajoutons en terminant que la faculté laissée à l'Administration de remettre *en cours d'exécution* les dessins et documents nécessaires ne s'applique pas aux dessins désignés dans le devis, comme servant de base au marché.

Ceux-ci doivent être remis aussitôt après l'approbation de l'adjudication.

« Aussitôt après l'approbation de l'adjudication dit formellement l'article 6 « de 1892, le préfet délivre à l'entrepreneur, sur son récépissé, une expédition... des devis et des autres pièces « qui seraient expressément désignées « dans le devis comme *servant de base au* « *marché.* »

Aucun doute n'est donc possible et si l'Administration apportait un retard préjudiciable à l'entreprise, un droit indemnitaire naîtrait par ce fait seul au profit de l'entrepreneur.

Il faut donc interpréter comme suit l'art. 10 combiné avec l'article 6 :

Les pièces servant de base au marché devront être délivrées à l'entrepreneur aussitôt après l'approbation de l'adjudication et les dessins de détail et autres documents nécessaires à l'exécution lui seront remis au cours de l'entreprise, au fur et à mesure de l'avancement des travaux, assez à temps pour qu'il puisse prendre les mesures utiles pour la confection des ouvrages.

III

En principe l'obligation de l'entrepreneur est limitée à l'exécution des travaux dans les conditions du devis.

Mais par une exception résultant de la nature même des travaux publics, il est tenu de se conformer aux changements qui lui sont prescrits pendant le cours du travail.

Le nouvel article n'innove rien sur ce point.

La plupart des cahiers des charges, notamment celui des ponts et chaussées, déclarent que l'entrepreneur doit se conformer aux changements ordonnés en vue d'utilité, d'économie ou de convenance par l'Administration.

Par contre, il interdit à l'entrepreneur de se permettre le plus petit changement au projet, à peine de réfection, ou de non paiement de l'ouvrage, suivant les cas et le bon plaisir de l'ingénieur.

La règle est inflexible et se résume en ces termes :

Il appartient aux ingénieurs seuls de fixer l'ordre des travaux et de diriger l'exécution.

L'article 117 du modèle de devis et cahier des charges est du reste ainsi conçu :

« Au commencement de chaque campagne il sera remis à l'entrepreneur « *un état* indiquant les travaux à exécuter, « l'ordre des travaux et le délai dans lequel ils devront être terminés pour « assurer l'emploi des crédits ouverts. »

L'entrepreneur a donc le droit d'exiger cet *état indicatif* et, en cas de retard dans sa remise, de réclamer une indemnité.

Les arrêts suivants du Conseil d'Etat consacrent ce principe :

Arrêt du 16 juillet 1886.

Gondran.

« Considérant qu'en admettant que les ingénieurs n'aient pas remis à l'entrepreneur l'état indicatif des travaux prévu à l'article 17 du devis, il résulte de l'instruction qu'aussitôt après l'adjudication le sieur Gondran a été informé du crédit qu'il avait à dépenser et du point où le démontage de la chaussée devait être commencé ; que ces indications, par suite de la nature du travail à entreprendre, *suffisent* pour permettre au requérant d'organiser son chantier ; que des ordres de service ultérieurs ont précisé la marche des travaux qui n'a été ralentie que par la mauvaise organisation donnée par l'entrepreneur à ses chantiers ; »

Arrêt du 20 mars 1891 :

Hospice de Château-Chinon.

« Considérant qu'il résulte de l'instruc-tion, notamment de la correspondance échangée entre les sieurs Boillot et le président de la commission administra-tive de l'hospice, que des plans partiels ainsi que des ordres relatifs à l'exécution de certains travaux ont été donnés tardi-vement à l'entrepreneur, malgré ses ré-clamations ; que ces retards ont eu pour conséquence de gêner et de rendre plus lente la marche de ses travaux et de lui occasionner des dépenses supplémentai-res de transport pour une partie de la pierre de taille, qu'enfin la détérioration causée par la gelée à une certaine quan-tité de pierres de taille sont également la conséquence du retard apporté à la re-mise des plans, l'extraction et le trans-port de ces matériaux n'ayant pu se faire que dans la saison favorable ; »

En résumé, les droits à indemnité pour cause d'inexécution du contrat par l'Ad-ministration sont conservés à l'entre-preneur, conformément aux principes ordinaires.

IV

Mais si l'entrepreneur est tenu de se conformer aux changements prescrits pendant le cours du travail, c'est à la condition absolue que ces changements sont ordonnés : 1° *par l'ingénieur*, sous sa responsabilité ; 2° *par écrit.*

1° *L'ingénieur seul*, c'est-à-dire le direc-teur des travaux, doit *donner l'ordre.*

Telle est la règle. Mais elle comporte des exceptions.

Dès le 28 juillet 1858, la circulaire mi-nistérielle sur la tenue des bureaux des ingénieurs faisant suite à celle de 1852 prescrivait :

« L'ingénieur fait tenir un registre des « ordres de service aux entrepreneurs. « Les ordres donnés aux divers entrepre-« neurs avant et pendant l'exécution des « travaux y sont inscrits par ordre chrono-« logique, sans lacune et sans classifica-« tion, et portés immédiatement à la con-« naissance de l'entrepreneur qui appose « sa signature, en forme de reçu, dans la « colonne réservée à cet effet. En cas de « refus ou d'éloignement de l'entrepre-« neur, l'ordre lui est notifié au domicile « qu'il a élu par un agent de l'Adminis-« tration, et mention est faite sur le « registre du nom de l'agent et de la date

« de notification. Il est formé à la fin du « registre un répertoire dans lequel un « article est réservé à chaque entreprise.

« Sur les chantiers assez importants « pour qu'un bureau y soit affecté, et « qu'un conducteur y soit placé à de-« meure, il pourra être ouvert un registre « spécial d'ordres de service semblable « au registre général.

« Les ordres sont inscrits sur le regis-« tre par les soins de l'ingénieur ordi-« naire, soit que l'ingénieur en chef, dans « sa correspondance, ait pris l'initiative « de ces ordres, soit qu'ils émanent de « l'ingénieur ordinaire lui-même. Dans le « premier cas, il fait mention de la date de « la lettre écrite par l'ingénieur en chef.

« L'ingénieur en chef, dans ses tournées, « lorsqu'il le juge nécessaire, inscrit lui-« même ses ordres sur le registre. »

Et elle ajoutait : « En cas d'urgence constatée, le conducteur détaché sur un atelier isolé *où il existe un registre spécial*, pourra donner des ordres de service à l'entrepreneur et les inscrire sur le re-gistre ; mais il en rendra compte *immédia-tement* à l'ingénieur. Dans tous les cas, l'ingénieur ou le conducteur appose sa si-gnature au bas de l'ordre qu'il a donné. »

Donc, en principe, l'ordre doit être donné par l'ingénieur qui a seul qualité pour le signer.

Arrêt du 21 juillet 1839 :

Pellée.

« Considérant que les sieurs Pellée et Arnauld n'invoquent à l'appui de leur réclamation qu'une convention par eux faite avec un *conducteur*, convention que celui-ci *ne pouvait valablement souscrire*, et dont d'ailleurs les requérants ne justi-fient pas ; »

Arrêt du 24 juillet 1847 :

Colonna.

« Considérant que la maisonnette cons-truite par le sieur Colonna ne faisait pas partie des ouvrages prévus au devis ; que le sieur Colonna ne justifie d'aucun ordre écrit qui lui ait prescrit de la cons-truire et que le prix de sa construction ne peut, dès lors, tomber à la charge de l'Etat ; »

Arrêt du 24 juillet 1847 :

Colonna.

« Considérant que le sieur Colonna n'a

pas fait constater la nécessité où il prétend s'être trouvé de prendre les pierres nécessaires à ses travaux hors des lieux indiqués par le devis et qu'il a choisi de lui-même et sans ordre des ingénieurs les carrières où il a pris les dites pierres, et que les travaux qu'il a pu faire pour leur apport à pied-d'œuvre ne sauraient, dès lors, donner lieu en sa faveur à une augmentation de prix ; »

Arrêt du 23 avril 1857.

Toussaint.

(Ordre du conducteur des travaux).

« Considérant que l'exécution des dits travaux et l'emploi des dits matériaux n'étaient pas prévus au devis, et que le sieur Toussaint ne justifie d'aucun ordre de l'Administration sur lequel il puisse fonder ses réclamations ; que, dès lors, c'est avec raison que, conformément à l'article 7 des clauses et conditions générales, le Conseil de préfecture a rejeté les dites réclamations ; »

Arrêt du 18 août 1857.

Courrières.

« Considérant que le sieur Courrières, pour prétendre que le cube des maçonneries porté au décompte doit être augmenté, se fonde sur ce que, d'après deux lettres que lui aurait écrites le conducteur des ponts et chaussées, agissant en vertu des ordres de l'ingénieur chargé de la surveillance des travaux, il aurait été convenu, entre lui et l'Administration, que le prix du creusement de la rigole qu'il a faite dans le béton .... serait réglé au moyen de l'allocation de la quantité de maçonnerie comprenant toute l'épaisseur du mur.

« Considérant que, dans son rapport, l'ingénieur nie formellement avoir donné les ordres en vertu desquels le conducteur a prétendu avoir agi et déclaré n'avoir pas autorisé le mode de règlement dont le sieur Courrières réclame l'application ; ...que dès lors, c'est avec raison que dans le décompte définitif, il n'a été tenu compte au requérant que du cube de maçonnerie réellement exécuté ; »

Arrêt du 1er mai 1891.

Varigard et Mortier.

« Considérant que les entrepreneurs ne justifient d'aucun ordre qui leur ait imposé le travail supplémentaire en raison duquel ils réclament une indemnité ; qu'aussi aux termes de l'article 10 des clauses et conditions générales, leur demande doit être rejetée ; »

Mais par dérogation à ce principe, le Conseil d'Etat a jugé que l'ordre pouvait valablement être donné et que l'entreneur avait droit au paiement des travaux ou des changements ordonnés :

Par un conducteur des ponts et chaussées chargé de la direction des travaux, sous la surveillance de l'ingénieur.

Arrêt du 27 mars 1874.

Picardeau.

« Considérant que, pour demander la suppression du supplément de 2 fr. 40 par mètre cube alloué pour changement dans le dosage dans le béton, le ministre des travaux publics se fonde sur ce que le sieur Picardeau ne justifie pas d'un ordre écrit de l'ingénieur chargé de la direction des travaux prescrivant de modifier la composition du béton ;

« Considérant que s'il n'est pas justifié d'un ordre écrit de l'ingénieur, il a été constaté dans l'enquête prescrite par le conseil de préfecture que l'introduction dans le béton d'une quantité de chaux supérieure à celle prévue au devis, a été ordonnée par le conducteur principal chargé de la direction des travaux en l'absence de l'ingénieur, à la suite d'expériences faites par lui pour éprouver la qualité du béton ; »

Surtout quand l'ordre est donné pour cause de nécessité d'exécution.

Arrêt du 18 février 1876.

Guide.

« Considérant qu'il résulte des lettres ci-dessus visées, qu'en cours d'exécution des ouvrages et postérieurement à l'acceptation des avant-métrés, le conducteur chargé de la direction des travaux a reconnu la nécessité d'effectuer des emprunts non prévus à ces avant-métrés, qu'il est également déclaré dans les lettres précitées que ces emprunts qui ont présenté des déblais supplémentaires, *ne pouvaient être évités* et qu'ils étaient *indispensables* au nivellement de la route, qu'il résulte de l'instruction que l'exécution de ces emprunts a eu lieu sous la direction du conducteur des travaux... ; que dans ces circonstances le ministre des travaux publics, pour refuser le prix de ces travaux n'est pas fondé à se prévaloir soit de ce qu'il n'aurait pas été dressé un avant-métré spécial de ces emprunts ; … soit à prétendre que le sieur Guide n'a reçu aucun ordre lui prescrivant d'exécuter ce travail ; »

Par le fonctionnaire désigné pour donner des ordres et auquel l'entrepreneur est tenu de se soumettre en vertu d'une stipulation du cahier des charges spécial.

Arrêt du 2 mai 1884.

Moudon.

« Considérant qu'aux termes de l'article 52 du cahier des charges, aucun changement ne pouvait être apporté au devis sans l'autorisation du préfet ;

« Considérant qu'il suit de là que le département est fondé à soutenir qu'il y a eu lieu de rejeter du décompte les travaux du perron, lesquels constituent une modification du projet à laquelle il ne pouvait être procédé sans une approbation régulière ;

« Mais considérant, en ce qui touche les autres travaux supplémentaires, qu'il n'est pas contesté qu'ils aient été exécutés conformément aux ordres de l'architecte, auxquels les entrepreneurs étaient tenus d'obéir d'après l'article 55 ; que si le département soutient que l'architecte départemental n'était pas autorisé à cet effet, il ne s'ensuit pas que les entrepreneurs soient responsables de l'excédent des dépenses qui ont pu en résulter ;

« Hors ces cas, l'entrepreneur n'a aucun compte à tenir de l'ordre signé par un conducteur ou un autre agent, non approuvé ou ratifié par la signature de l'ingénieur. Et cela pour l'excellente raison que, s'il y obéissait, l'Administration aurait le droit de ne pas le payer. »

2° L'ordre doit être donné *par écrit.*

Le cahier des clauses et conditions générales du 25 août 1833 déclarait dans son article 7 : « L'entrepreneur se conformera, pendant le cours du travail, aux changements qui lui sont ordonnés *par écrit* et sous la responsabilité de l'ingénieur. »

Et le Conseil d'Etat décidait que pour que l'entrepreneur put réclamer le prix des travaux nouveaux ordonnés en exécution, il fallait un ordre écrit.

Arrêt des 31 mai 1833. *Soullié.* — 27 février 1836. *Charageat.* — 2 juin 1837. *Hayet.*

— 29 février 1839. *Thibaut.* — 30 juin 1842. *Beslay.* — 8 juin 1850. *Montbrun.* — 11 décembre 1853. *Bassinet.* — 18 mars 1858. *Jourreil.* — 19 février 1859. *Fournier.*

Cependant cette condition indispensable était souvent négligée et par les entrepreneurs et même par les ingénieurs eux-mêmes. Si bien qu'une circulaire du ministre des travaux publics dut rappeler à ces derniers que c'était pour eux un *devoir rigoureux* de délivrer des *ordres écrits.*

Pour couper court à toute difficulté sur ce point, le cahier du 6 novembre 1866 déclara nettement qu'il ne doit être tenu compte à l'entrepreneur *des changements qu'autant qu'il justifie de l'ordre écrit de l'ingénieur.*

Et cette disposition reproduite dans les clauses et conditions générales de 1892, est impitoyablement appliquée par le Conseil d'Etat, comme le constatent les décisions ci-après.

Arrêt du 12 février 1875 :

Beretta.

« Con idérant que le sieur Beretta n'a produit aucun ordre écrit lui prescrivant d'exécuter en moellons smillés les parements des maçonneries du pont de six mètres ; que, dans ces circonstances, le ministre des travaux publics est fondé à soutenir que c'est à tort qu'un prix supplémentaire de 1 f. 90 par mètre carré a été alloué au sieur Beretta par le Conseil de préfecture. »

Arrêt du 8 mars 1878 :

Lapierre.

« Considérant qu'aux termes de l'article 10 du cahier des clauses et conditions générales, il n'est tenu compte à l'entrepreneur des changements par lui apportés en cours d'entreprise aux projets approuvés, qu'autant qu'il justifie d'un ordre écrit de l'ingénieur ;

« Considérant que l'article 21 du devis particulier du sieur Lapierre stipulait que les remblais, autres que les murs de tête du pont de la Gémone, seraient faits exclusivement avec les déblais rocheux provenant de la déviation de cette rivière et des fouilles des ponts ; que si le requérant a exécuté ces remblais en maçonnerie de pierres sèches, il reconnaît qu'aucun ordre écrit ne lui a prescrit de construire de la sorte des remblais du pont et que, dès lors, il ne peut demander qu'il lui soit accordé une indemnité à raison du supplément de dépenses, qu'a pu lui occasionner la modification qu'il a, sans autorisation, apportée au devis.

Arrêt du 3 février 1882 :

Sainte-Co'ombe

« Considérant qu'en admettant que la dite réclamation soit relative à des remblais exécutés par ordre après la présentation du décompte et que, par suite, cette demande d'indemnité n'aurait pas dû être rejetée comme non recevable par application de l'article 41, le sieur Sainte-Colombe ne justifie d'aucun ordre écrit, conformément aux prescriptions de l'article 10 du cahier des clauses et conditions générales ; que, dans ces circonstances, il n'y a pas lieu de lui allouer la somme par lui réclamée. »

Arrêt du 13 mars 1885 :

Pastrié

« Considérant que le sieur Pastrié n'a produit aucun ordre écrit prescrivant la substitution de la pierre de Bucay-le-Gy à celle de Mantoche et qu'il ne résulte d'aucune pièce du dossier que cet ordre écrit ait été donné réellement ; que, dans ces circonstances et par application de l'article 10 des clauses et conditions générales, le Ministre des Travaux Publics est fondé à demander la suppression du supplément de prix alloué. »

Arrêt du 8 août 1885 :

Prévost

Même décision basée sur les mêmes motifs. La demande de paiement des modifications exécutées a été rejetée parce qu'il ne justifiait d'aucun ordre écrit, prescrivant le changement.

Arrêt du 17 décembre 1886 :

Villetté et Beaudot

« Considérant que les sieurs Villette et Beaudot soutiennent qu'ils ont dû curer à nouveau les fossés creusés par le précédent entrepreneur qui, bien que portés au projet comme terminés, se trouvaient déjà comblés au commencement de leur entreprise.

« Considérant que les sieurs Villétte et Beaudot ont exécuté en régie le curage de 1,866 m. de fossés et ont été payés par l'Administration pour ce travail, ils ne justifient d'aucun ordre écrit, leur prescrivant le curage de 1,510 m., à raison desquels ils réclament une indemnité ; que dès lors, aux termes de l'article 10 des clauses et conditions générales, leur demande doit être rejetée. »

Arrêt du 15 mars 1895 :

Lothien

Considérant que l'entrepreneur ne justifie d'aucun ordre écrit de procéder à l'abattage des arbres et que les ingénieurs font connaître que ce travail a été fait par des tiers auxquels le bois a été abandonné en paiement ; que, d'autre part, le prix n° 10 du bordereau comprend, dans les opérations de fouille, la main-d'œuvre nécessaire pour nettoyer le sol sur lequel reposeront les remblais.... »

Arrêt du 27 mai 1897 :

Abougit et Clair

« Considérant que les entrepreneurs réclament une somme de 3,482 fr. 12, montant des dépenses de construction d'un canal de dérivation de la Drôme, par le motif que l'exécution de cet ouvrage a eu pour résultat d'exonérer l'Etat de certains frais d'épuisement ;

« Mais considérant qu'il n'est justifié d'aucun ordre écrit prouvant la construction du canal dont il s'agit ; qu'il résulte de l'instruction que les entrepreneurs l'ont exécutée dans le but de prévenir un chômage industriel qui aurait été à leur charge aux termes de l'article 62 du devis, que, dès lors, cette réclamation doit être rejetée ; »

Donc, *pas d'ordre écrit, pas de droit à réclamation.*

L'entrepreneur doit donc, avant d'exécuter les changements ordonnés, exiger un ordre écrit.

Si on le lui refuse, il n'est pas tenu d'obéir.

Le principe est formel et consacré par la décision suivante :

Arrêt du 23 août 1880 :

Beldant

« Considérant qu'il résulte de l'instruction que les agents de l'administration avaient refusé de faire figurer au devis, les fers nécessaires au scellement des palées, et que, si postérieurement le sieur Beldant a reçu l'ordre de consolider le palées supportant les sections, il est fondé à soutenir que cet ordre de service aurait dû lui être donné *par écrit* et non *verbalement*; que, dans ces circonstances, la chûte du pont de Montflours, n'est pas entièrement imputable à la négligence de l'entrepreneur ; »

Il doit d'autant plus en être ainsi que tout droit à indemnité pourrait être refusé dans la rigueur du droit même quand l'ingénieur reconnaîtrait qu'il a véritablement donné l'ordre de faire les travaux nouveaux objets de la demande.

A côté de la règle que, pour réclamer le paiement des modifications ordonnées, un ordre écrit du directeur des travaux est indispensable, il faut constater des exceptions justifiées, il est vrai, par des circonstances exceptionnelles.

Ainsi il a été jugé que :

Le droit de l'entrepreneur est reconnu quand :

Les ordres quoique donnés verbalement sont reconnus par l'Administration, prouvés par l'entrepreneur ou établis par les faits.

Arrêts des 19 novembre 1837, *Coste et Commade.* — 8 juin 1850, *Montbrun.* — 24 février 1853, *Cressonnier.* — 12 août 1854, *Jourdan.* — 8 février 1855, *Lescure.* — 15 avril 1855, *Roulet.* — 10 janvier 1856, *Nepvauët,*

Arrêt du 10 septembre 1855 :

Troye et Danjou

« Considérant qu'il résulte de l'instruction qu'au cours d'exécution des travaux, les entrepreneurs *ont dû* pour se conformer aux prescriptions des ingénieurs, substituer du moellon piqué au moellon taillé..., qu'il y a lieu, dès lors, de leur allouer une augmentation de prix. »

Arrêt du 21 mars 1861 :

Harel

« Considérant qu'il résulte de l'instruction, que les changements ont été effectués par *ordre de l'architecte* et avec l'approbation du préfet. »

Et, enfin, un arrêt du 10 janvier 1856, *Nepvauët,* se rapprochant tout à fait du droit commun, a alloué une indemnité pour les travaux d'épuisement, quoique l'entrepreneur n'eût pas produit l'ordre écrit et les attachements exigés par les articles 7 et 23 des clauses et conditions générales :

« Considérant que lesdits articles ne prononcent aucune déchéance en cas d'inaccomplissement de ces formalités. »

Mais il faut remarquer que cette dernière décision, compatible avec la rédaction de l'article 7 du cahier de 1833, serait aujourd'hui en contradiction avec les termes formels des articles 10 des cahiers de 1866 et de 1892.

« L'entrepreneur, disait l'article 7 de 1833, se conformera... aux changements qui lui seront donnés *par écrit...,* et il lui en sera *fait compte* suivant les dispositions de l'art. 3. »

Et d'après l'article 3 : « Si en homologuant l'adjudication, l'Administration ordonne quelques changements au projet, l'entrepreneur devra s'y conformer et il lui sera fait état de la valeur de ces changements... au prorata des prix de l'adjudication... »

Les ordres ont été donnés verbalement à cause du peu d'importance des modifications.

Arrêt du 5 décembre 1873 :

Martin et Bourdellon

« Considérant qu'en présence de la faible importance de la plupart de ces modifications, c'est à tort que le Conseil de Préfecture s'est fondé sur ce qu'elles n'étaient pas justifiées par la production d'ordres écrits... pour refuser de... constater si ces modifications ont été exécutées pour obéir à des ordres verbalement donnés par l'architecte. »

Les modifications ont été ordonnées par le conducteur chargé de la direction, en l'absence de l'ingénieur.

Arrêt du 27 mars 1874 :

Picardeau

« Considérant que, s'il n'est pas justifié d'un ordre écrit de l'ingénieur, il a été constaté que l'introduction dans le béton d'une quantité de chaux supérieure à celle qui était prévue au devis, a été ordonnée par le conducteur principal chargé de la direction des travaux, en l'absence de l'ingénieur... que ces changements ont été profitables à la bonne exécution des travaux. »

Les changements ont été déclarés indispensables par les lettres du conducteur chargé des travaux.

Arrêt du 18 février 1876 :

Guide

« Considérant qu'il résulte des lettres

ci-dessus visées des 10 janvier et 13 février 1871, qu'en cours d'exécution des ouvrages et postérieurement à l'acceptation des avant-métrés présentés à l'entrepreneur, le conducteur chargé de la direction des travaux a reconnu la nécessité d'effectuer des emprunts non prévus à ces avant-métrés ; qu'il est également déclaré dans les lettres précitées que ces emprunts qui ont produit les déblais supplémentaires ne pouvaient être évités et qu'ils étaient indispensables au nivellement de la route ;

« Qu'il résulte de l'instruction que l'exécution de ces emprunts a eu lieu sous la direction du conducteur des travaux, et que les experts sont d'accord pour fixer à 10,228 m. 70 le cube total de ces déblais supplémentaires ; que, dans ces circonstances, le Ministre de l'Intérieur, pour refuser au sieur Guide le prix de ce travail, n'est pas fondé, soit à se prévaloir de ce qu'il n'aurait pas été dressé un avant-métré spécial de ces emprunts, conformément aux dispositions de l'article 58 du devis sus-visé, soit à prétendre que le sieur Guide n'a reçu *aucun acte* lui prescrivant d'exécuter ce travail ; qu'ainsi, c'est avec raison que le Conseil de Préfecture a alloué au sieur Guide la somme de 9.717 fr. 27, représentant le prix des déblais supplémentaires. »

Les travaux supplémentaires exécutés ont été ordonnés par l'architecte, quoiqu'il n'eût pas qualité.

Arrêt du 2 mai 1884 :

Mandon et Demay

« Considérant, en ce qui touche les travaux supplémentaires, qu'il n'est pas contesté qu'ils aient été exécutés conformément aux ordres de l'architecte, auxquels les entrepreneurs étaient tenus de se soumettre d'après l'article 35 ; que si le département soutient que l'architecte départemental n'était pas autorisé à cet effet, il ne s'ensuit pas que les entrepreneurs soient responsables de l'excédent des dépenses qui a pu en résulter. »

Le devis prescrivant à l'entrepreneur de se conformer aux ordres de l'Administration, les modifications prescrites ne constituent pas de changements considérables et portent, au contraire, sur des détails d'exécution.

(Arrêts du 22 juillet 1869).) — Arrêt du 10 juillet 1873 :

Theuriet et Cie.

« Considérant que les changements et additions qui se sont produits, en cours d'exécution, et en dehors du devis primitif et supplémentaire, ont été exécutés en vue de donner *plus de solidité* aux travaux prévus ; qu'ils ont pour objet de pourvoir à des nécessités qui se sont produites en cour d'exécution, et qu'ils ont été la conséquence des modifications autorisées par la commune et notamment de la surélévation du clocher.

Arrêt du 14 février 1873 :

Boudinard

« Considérant que les experts ont reconnu que lesdits travaux faits, en vertu d'ordres verbaux donnés à l'entrepreneur, étaient *indispensables* pour la bonne exécution des ouvrages et profitent à la commune. »

Arrêt du 27 juin 1873 :

Gilles-Dupont

« Considérant que cet excédent de dépenses provient, soit de travaux régulièrement autorisés par la commune, soit *d'ouvrages indispensables* à la bonne exécution de la construction. »

Arrêt du 3 juillet 1874 :

Huart

« Considérant que la commune soutient que le décompte doit être ramené au chiffre du devis… mais ne discute ni l'*importance* ni l'*utilité* de tout ou partie des travaux qui ont motivé le surcroît de dépense. »

Arrêt du 9 juillet 1875 :

Blandin

Le travail a profité à l'Etat en constituant une économie ou en augmentant la solidité des ouvrages.

Arrêt du 24 novembre 1876 :

Gianoli

« Considérant qu'il résulte de l'instruction que le sieur Gianoli a employé dans les piédroits des ponceaux et aqueducs, un cube de pierre de taille supérieur à celui qui avait été prévu au devis, et que cet excédent ne lui a été payé que comme maçonnerie ; que, dans les circonstances où a eu lieu cet emploi, qui a augmenté la solidité des ouvrages et profité ainsi à l'Etat, c'est avec raison que le Conseil de Préfecture a décidé, conformément à l'avis du tiers-expert, que l'entrepreneur était fondé à réclamer une plus-value de ce chef. »

Arrêt du 2 mars 1877 :

Demeure

« Considérant que tout au moins pour une partie des constructions, la meilleure exécution des travaux sera pour le département une *cause notable d'économie* en diminuant les dépenses d'entretien ; que, dans ces circonstances, il y a lieu d'accorder à l'entrepreneur la plus-value de 1 fr. 50 par mètre cube. »

Arrêt du 3 juin 1881 :

Laurenzoni

« Considérant qu'enfin, les travaux dont il s'agit étaient nécessaires à la commune *qui en a profité.* »

Arrêt du 17 février 1882 :

Frion

« Considérant que, si les travaux non prévus au devis, dont la commune refuse le paiement, ont été exécutés sans une autorisation expresse du Conseil municipal, ils proviennent de modifications dont la *nécessité* s'est révélée en cours d'entreprise ; »

Arrêt des 12 février 1882, *Cartier*. — 31 mars 1882, *Loiselot*. — 19 mai 1882, *Hugo*. — 17 novembre 1882, *Bernard et Fournie*. — 20 avril 1883, *Neirinck*. — 8 août 1884, *Faveur*. — 6 février 1885, *Cursol* :

« Considérant — dit ce dernier — qu'il est établi par les déclarations du sieur Boiret, ancien maire de la commune de Haillons, qu'il a donné l'ordre au sieur Cursol de réparer les dégats... ; qu'il résulte de l'instruction que ces travaux présentaient un caractère *d'urgence* et *d'utilité* ; »

Quoique ces dernières décisions aient été rendues dans des litiges relatifs à des travaux publics communaux, elle font jurisprudence, par analogie, pour toutes les entreprises de travaux publics.

Elles sont, en effet, conformes aux principes ordinaires d'équité, et les juridictions compétentes ont toujours le droit de les appliquer d'après les circonstances.

Car si, d'après les cahiers de 1866 et de 1892, un ordre écrit doit être représenté pour avoir droit à une indemnité, de même, aux termes de l'art. 10 des clauses et conditions générales du 6 décembre 1870, il n'est tenu compte des changements qu'autant que l'entrepreneur justifie d'un ordre écrit.

Mais, comme nous l'avons vu, c'est une règle qui comporte des exceptions.

C'est ainsi que le Conseil d'Etat met à la charge des communes :

Les travaux dont la nécessité s'est fait sentir en cours d'exécution, et dont l'urgence ne permet pas d'attendre l'accomplissement des formalités ordinaires.

Arrêts des 15 novembre 1851, *Hamelin*. — 13 décembre 1855, *ville de Bergues*. — 18 août 1856, *Billanbor*. — 6 juillet 1858, *commune de Saint-Projet*. — 18 avril 1861, *commune de Buffière*.

Les travaux dont l'utilité est hors de doute et dont la commune a pris possession.

Arrêt des 15 mars 1885, *commune de St-Nicolas-de-la-Grave*. — 28 juin 1855, *consistoire israëlite du Bas-Rhin* — 20 décembre 1859, *commune de Vézac*.— 30 mai 1861, *ville de Champlite*.

Les changements commandés par l'architecte si, aux termes du cahier des charges, l'entrepreneur est tenu de se conformer à toutes les modifications qui seraient jugées nécessaires par lui, en cours d'exécution.

Arrêts des 30 avril 1852, *commune de Villers-Bocage*. — 7 mai 1857, *Lepaulle*. — 25 juin 1858, *Maret*. — 12 mai 1859, *département des Ardennes*. — 30 mai 1861, *ville de Champlitte*.

Les travaux supplémentaires non autorisés ayant eu pour but de réparer les erreurs ou les omissions du devis, et de pourvoir à des nécessités d'exécution.

Arrêts des 31 mars 1865, *commune de Fontaine-l'Abbé*. — 2 mai 1866, *Minard*. — 13 décembre 1872, *commune d'Arith*. — 22 janvier 1875, *commune de Chabris*. — 16 mars 1877, *ville d'Arcachon*.

Les travaux qui sont la suite, ou le complément des travaux déjà acceptés, ou la conséquence de modifications antérieures.

Arrêts des 28 juillet 1864, *ville d'Aix*. — 7 avril 1869, *commune de Coulanges*. — 2 juin 1869, *Baudran*.

Les excédents de dépenses résultant ou de la substitution des matériaux à ceux prévus au devis, lorsqu'elle asssure à l'édifice une plus grande solidité ou bien une meilleure exécution du travail.

Arrêts des 10 mars 1864, *Delettre.* — 30 avril 1868, *commune de Garone.* — 29 juin 1870, *Saint-André.* — 4 mai 1870, *commune de Bons.* — 10 janvier 1873, *commune de Menetou-Salon.* — 17 juillet 1874, *commune de Souvigné.* — 2 mars 1877, *Demeure.*

Les travaux non autorisés, mais exécutés conformément aux règles de l'art et utiles pour que l'édifice put être affecté à sa destination.

Arrêts des 30 avril 1868, *commune de Garons.* — 28 juillet 1869, *commune d'Anloin.* — 13 décembre 1872, *commune d'Arith.*

Lo·sque surtout la ville, en prenant possession a reconnu elle-même l'utilité du travail.

Arrêts des 7 avril 1869, *commune de Coulanges.* — 27 juin 1873, *commune d'Oisly.* — 6 juin 1879, *Ozanne.*

Les travaux supplémentaires, non autorisés, lorsqu'ils ont été commandés par l'architecte aux ordres duquel l'entrepreneur était tenu d'obéir, en vertu d'une clause du cahier des charges.

Arrêts des 14 janvier 1865, *ville de Boux-Vitter.* — 28 juillet 1869, *commune d'Anjoin.* — 4 mai 1870, *commune de Bons.* — 29 juillet 1879, *Saint-André.* — 29 décembre 1872, *commune de Sains.* — 11 novembre 1881, *Moine.*

Enfin il a été jugé récemment que :

L'entrepreneur n'est pas responsable des changements au projet primitif résultant d'un ordre écrit de l'agent-voyer cantonal.

Arrêt du 29 novembre 1895 :

Bedeau

« Considérant qu'il résulte de l'instruction notamment de l'expertise, que la modification de tracé et profil, qui motive la réclamation de la commune, a fait l'objet d'un ordre écrit de l'agent-voyer cantonal, conforme aux instructions verbales données par l'agent-voyer d'arrondissement, lors de la visite des travaux ; que, dans ces circonstances, il a été décidé à bon droit que le sieur Bedeau ne devait pas être déclaré responsable des inconvénients que pouvait présenter le changement apporté au projet primitif : »

Les cubes supplémentaires exécutés par l'entrepreneur conformément au profil signé du conducteur seul doivent être portés au décompte.

Arrêt du 24 mai 1895 :

Sudron

« Considérant qu'il résulte de l'instruction que, à raison des circonstances dans lesquelles le profil, en date des 29 juillet, 1er août 1881, signé par le chef de section Druez, a été notifié à l'entrepreneur, le Ministre des travaux publics n'est pas fondé à soutenir que, contrairement aux prescriptions de l'article 10 des clauses et conditions générales, le sieur Sudron se serait conformé aux indications du nouveau profil ; qu'au surplus, l'administration qui a été avisée par l'entrepreneur, à la date du 30 août 1881, des changements opérés et qui n'a procédé depuis cette époque à aucune vérification, n'est pas fondée à contester, en fait, que les cubes supplémentaires de ballast aient été fournis par le sieur Sudron ; qu'il suit de là que c'est à bon droit que le Conseil de Préfecture a alloué à ce dernier un cube de 1,453 en sus des quantités portées au décompte ; »

Les augmentations résultant des modifications apportées par l'administration au plan primitif des ouvrages sont dues à l'entrepreneur.

Arrêt du 21 juin 1895 :

Vola

« Considérant que le sieur Vola allègue que les travaux d'infrastructure auraient été exécutés par l'administration dans des conditions différentes de celles qui résulteraient des plans primitifs,... que si ce fait est établi, et s'il était justifié de changements importants effectués par l'administration au cours des travaux d'infracture et ayant causé des modifications sensibles dans les conditions d'exécution de l'entreprise, notamment par suite de l'allongement des paliers et de l'augmentation des rampes, ces circonstances pourraient être de nature à amener l'allocation d'une indemnité et qu'il y a lieu d'ordonner une expertise ; »

L'entrepreneur n'a pas droit au paiement de la démolition de la chaussée empierrée sous les remblais, quand aucun attachement n'a été pris, qu'il n'a pas été formulé contre ces attachements les réserves de l'article 39 des clauses générales et qu'aucun ordre n'avait prescrit ce travail

« Considérant que l'entrepreneur demande le paiement de la démolition des chaussées empierrées sous les remblais ;

« Mais considérant qu'il n'a été pris aucun attachement du travail à l'occasion duquel il réclame : qu'il n'a formulé aucune réserve sur ce point, conformément à l'article 39 des clauses, et n'en a pas référé à l'ingénieur en chef ; que, dans ces conditions et en l'absence de tout ordre de service, c'est avec raison que le Conseil de Préfecture a estimé que l'exécution du travail n'était pas établie ; »

En résumé, il résulte de ce qui précède :

1° Qu'en principe, pour que les changements soient payés à l'entrepreneur, il faut qu'ils aient été *ordonnés ou autorisés régulièrement par le directeur des travaux ayant qualité* pour cela, et par son ordre écrit :

2° Que ce n'est que par exécution et dans des cas extraordinaires qu'ils peuvent l'être quand *l'ordre*, quoique non écrit, est *reconnu* avoir été donné par l'administration, ou bien qu'ils sont reconnus *indispensables, nécessaires* ou *simplement utiles*, ou enfin quand ils sont la conséquence *inévitable d'autres travaux ordonnés* et que l'état, le département ou la commune *en profite*.

Le vieil adage romain : « Nul ne peut s'enrichir aux dépens d'autrui » *nemo altérius, damno locupletare potest*, comme l'esprit de l'article 555 du code civil, qui n'autorise le propriétaire du sol sur lequel les ouvrages ont été faits par un tiers à les conserver, qu'à la condition de rembourser la valeur des matériaux et le prix de la main-d'œuvre, doivent recevoir ici leur application.

Il n'en sera pas moins prudent de la part des entrepreneurs d'exiger dans tous les cas un *ordre écrit* avant de commencer les travaux ou de refuser de les faire.

V

Lorsque l'entrepreneur estime — dit l'article 10 dans son paragraphe 4°, — que les prescriptions d'un ordre de service dépassent les obligations de son marché, *il doit* sous peine de forclusion, en présenter *l'observation écrite* et motivée dans un délai de *dix jours.* »

Cette disposition, assurément la plus importante et qui n'existait pas dans le cahier de 1896, a été empruntée par les rédacteurs du nouveau cahier à l'article 35 du cahier de 1876 pour les travaux militaires, qui est ainsi conçu :

« Chaque nouvel ordre est aussitôt « présenté et, au besoin, notifié administrativement à l'entrepreneur, qui est « tenu de le dater et de le signer. Dans « le cas où les indications qu'il contient « donneraient lieu à des observations de « l'entrepreneur, celui-ci devra les formuler dans un délai de *cinq jours* ; « faute de quoi, il sera réputé les avoir » consenties avec toutes leurs conséquences.

« Le délai de cinq jours court à partir « de la présentation ou de la notification « administrative prévue par le paragraphe précédent. »

Cet article 35 remplaçait lui-même l'article 31 du devis général de 1859 dont il est curieux de rappeler les termes.

« Les ordres et les instructions donnés « par le chef du génie à l'entrepreneur « pour tout ce qui concerne le service « de l'entreprise et l'exécution des travaux, sont inscrits sur un registre établi à cet effet, coté et paraphé par le « directeur des fortifications, et déposé « au bureau du génie de la place.

« L'entrepreneur est tenu de prendre « connaissance des ordres inscrits sur ce « registre, aussi souvent qu'il est nécessaire, et de signer au-dessus de chaque inscription.

« La simple inscription d'un ordre sur « le registre équivaut d'ailleurs à la notification de cet ordre à l'entrepreneur, « à la date de la signature du chef du « génie. »

On le voit, si l'article 35, en exigeant que les ordres soient notifiés à l'entrepreneur, s'est montré plus pratique que l'ancien article 31, il a innové pour l'entrepreneur un inconvénient et un danger : l'obligation de formuler ses observations contre l'ordre, et la déchéance, faute de l'avoir fait dans les cinq jours.

Le cahier des charges, type de 1881, a reproduit, cependant, les dispositions de l'article 35 en l'exagérant dans son article 113, dont voici les termes :

« Tous les ordres de service, à moins
« que mention contraire n'en soit faite
« expressément *par écrit*, sont donnés
« dans les limites des conditions du de-
« vis ; et si l'entrepreneur pense qu'il lui
« est demandé au delà des obligations de
« son marché, il doit *immédiatement* en
« faire l'observation écrite, afin que la
« question soit de suite examinée et ré-
« glée définitivement ; plus tard, aucune
« réclamation de cette nature ne serait
« admise parce qu'à moins de stipula-
« tions contraires, précises et écrites à
« l'avance, le devis est la règle générale
« et absolue pour tout le monde. »

Le Conseil d'Etat l'ayant déclaré vala-
ble, cette disposition fut appliquée jusqu'au mois d'avril 1889. A cette époque,
le même Conseil d'Etat ayant été d'avis
qu'il n'y avait pas lieu de la maintenir,
elle fut supprimée par une circulaire du
Ministre des Travaux publics.

Cependant, le nouveau cahier du Génie
militaire du 17 juillet 1889, a conservé le
délai de cinq jours, fixé pour la présentation des observations de l'entrepreneur.

Et le nouveau cahier des ponts et
chaussées n'a pas hésité à ajouter cette
cause de déchéance à celles déjà si nom-
breuses imposées aux entrepreneurs.

Est-elle un progrès ?

Constitue-t-elle un avantage pour l'entrepreneur ?

Nous ne croyons pas que personne
puisse soutenir victorieusement l'affirma-
tive.

Cependant, la circulaire minis érielle
n'hésite pas à la présenter comme une
innovation juste. Ses termes sont curieux
à lire :

« On a trouvé juste, dit-elle, d'accorder
à l'entrepreneur le droit de réclamer
contre les ordres de service qui lui parai-
traient dépasser les obligations de son
marché. Cette disposition vise principale-
ment les changements ordonnés en cours
d'exécution et il convenait, pour éviter
tout abus, de spécifier que les réclamations devaient être présentées dans un
délai déterminé, sous peine de forclusion,
et qu'elles n'auraient pas d'effet suspensif
à moins d'autorisation formelle de l'ingénieur.

« Ces dispositions inscrites à la fin de
l'article 10, ont un double objet :

« D'abord prévenir l'ingénieur en temps
utile et lui permettre de rectifier son
ordre de service, s'il y a lieu ; ensuite

établir, à la date certaine, la preuve que
l'entrepreneur a protesté contre les changements ordonnés, ou qu'il a acquiescé au
moins tacitement à ces changements. »

Il est évident que ce que ne dit pas la
circulaire ministérielle, c'est que l'administration a voulu, par un *délai de déchéance* impitoyable, supprimer la plus
grande partie des réclamations, dange-
reuses pour elles, qu'elle espère bien,
avec juste raison, ne pas être formulées
à temps, l'entrepreneur pouvant difficile-
ment se rendre compte en 10 jours des
conséquences dommageables d'un ordre
rédigé mûrement dans les bureaux de
l'ingénieur et donné brusquement au
moment opportun.

Mais ce qu'il y a de plus étrange, ce sont
les félicitations du commentaire du Syndicat des entrepreneurs du nouveau
cahier qui s'en attribue presque l'initiative.

Après avoir déclaré dans un mémoire
présenté en 1886 :

« Quand les constatations pourront
« avoir lieu entre l'Administration et les
« entrepreneurs, qu'elles seront le résul-
« tat d'une simple lettre de la part de
« l'exécutant ou de la part de l'ingénieur,
« d'un ordre de service appelant l'entre-
« preneur à reconnaître ou constater au
« livre-journal tel ou tel fait, la moitié du
« litige sera supprimé ;

« Pour donner satisfaction à ce vœu,
« l'entrepreneur *reçoit le droit* lorsqu'il
« estime que les prescriptions d'un ordre
« de service dépassent les obligations de
« son marché, d'en présenter l'observa-
« tion écrite et motivée *dans un délai de
« dix jours sous peine de forclusion.* »

Le commentaire du syndicat des clauses et conditions de 1892 se félicite et
s'attribue presque l'iniative des nouvelles
dispositions de l'article 10, et conclut :

« Il s'agit cependant de prévenir toutes
« ces difficultés qui peuvent naître à cha-
« que pas, et qui viennent de ce que, en
« règle générale, l'entrepreneur doit avant
« tout se conformer aux ordres de l'ingé-
« nieur. Ce principe est naturellement
« maintenu, mais on a concilié avec son
« application rigoureuse le droit de l'en-
« trepreneur de rappeler, si besoin est,
« l'administration aux conditions du mar-
« ché. »

Ces approbations du nouvel état de
choses, de la part d'hommes essentielle-

ment pratiques, sont aussi étranges que singulièrement exprimées.

Avec les cahiers de 1811, 1833 et 1866, l'entrepreneur *pouvait toujours réclamer contre l'ordre reçu et aucun délai ne lui était fixé.* Avec le cahier de 1892, passé 10 jours, il est *forclus* et ses réclamations, si justifiées soient-elles, ne sont plus admises ; il est *déchu.*

Si l'entrepreneur recevait un droit d'observations qu'il n'avait pas avant, il faudrait applaudir, mais il n'en est pas ainsi.

Le droit de protestation contre les ordres de l'Administration *a toujours existé* au profit de l'entrepreneur.

Ce n'est donc pas un droit nouveau que lui accorde l'article 10, mais une simple reconnaissance de ce droit, consacré par les principes élémentaires en matière de contrat.

La seule nouveauté de cet article est *l'obligation de présenter sa protestation dans le délai de dix jours sous peine de déchéance.*

Voilà ce qu'il faut voir et reconnaître.

L'entrepreneur y gagne-t-il ? non, puisque c'est un nouveau danger auquel il est exposé et rien de plus.

Dans la pratique, on comprend quelles difficultés cela peut présenter.

Il faut qu'en dix jours, l'entrepreneur apprécie les conséquences de l'ordre ! qu'il en voit tous les inconvénients, en calcule et en chiffre toutes les suites dommageables et, enfin, rédige sa protestation.

Et puis, à quelles étranges conséquences arrivera-t-on en appliquant strictement cet article 10 ?

Pris à la lettre, il voudrait dire que, quels que soient les changements prescrits, les ordres donnés, l'entrepreneur ne pourra plus rien réclamer après 10 jours, son silence équivalant à une reconnaissance tacite du droit de l'administration.

Celle-ci pourrait donc changer les modes de transport, les dimensions et les formes des ouvrages, la nature des matériaux, les carrières à exploiter, etc., c'est-à-dire modifier les bases essentielles du contrat, et, passé 10 jours, un nouveau marché prendrait la place du premier.

Évidemment, ce n'est pas possible, et l'interprétation de la nouvelle disposition ne saurait aller jusque là.

Mais que de litiges compliqués naîtront de ce nouveau paragraphe !

Et comme l'administration des ponts et chaussées et le ministre des travaux publics avaient eu raison, en 1887, d'ordonner la suppression du cahier-type !

Donc, ce te nouvelle déchéance, comme celles des articles 30, 31, 41 et 51 est loin de constituer une amélioration.

Quoi qu'il en soit, le délai de dix jours imparti court contre l'entrepreneur du jour où il a donné un reçu de l'ordre, ou de celui où la notification lui a été faite. Mais il est de *dix jours francs,* de telle sorte que l'ordre étant reçu ou notifié le 10, la forclusion expire le 21.

Il faut donc — et c'est là le conseil que nous leur donnons — que les entrepreneurs n'hésitent pas à protester contre tous les ordres de service qui leur paraîtront douteux. Pour cela, ils feront bien d'avoir des formules toutes préparées, qu'ils n'auront plus qu'à remplir pour répondre aux conditions suivantes :

Les observations doivent être,

Ou adressées par lettres à l'ingénieur en exigeant un reçu ;

Ou insérées à la suite de l'ordre de service.

Elles sont, bien entendu, *écrites* et spécifient les motifs sur lesquels la protestation est fondée.

Une protestation, ou des réserves vagues et générales, ne suffiraient pas.

Si l'ingénieur ordinaire ne fait pas droit aux observations, l'entrepreneur les adressera successivement à l'ingénieur en chef, à l'Administration supérieure et enfin les portera devant le Conseil de Préfecture.

Mais il faut remarquer que la protestation *ne suspend pas l'exécution* de l'ordre, et qu'après avoir réclamé, l'entrepreneur devra exécuter quand même.

En résumé, et c'est là notre conclusion :

L'entrepreneur doit, même et surtout dans le doute, *protester* et ne pas craindre d'indisposer l'Administration.

C'était son droit avant le cahier de 1892, c'est désormais son devoir et son obligation.

II. — Travaux du génie militaire

L'article 35 du cahier des clauses et conditions générales du 25 novembre 1876 était ainsi conçu :

« Art. 35. — Les ordres et les instruc-
« tions donnés à l'entrepreneur, pour tout
« ce qui concerne le service de l'entre-
« prise et l'exécution des travaux, sont
« inscrits sur un registre établi à cet
« effet, côté et parafé par le directeur du

« génie, et déposé au bureau du génie de
« la place.

« Les ordres sont donnés par le chef
« du génie, ou, à son défaut, par l'officier
« chef d'atelier.

« Ils précisent les dimensions et la pro-
« venance des matériaux à employer, vi-
« sent les articles de la deuxième partie
« du cahier des clauses et conditions gé-
« nérales applicables à l'exécution des
« travaux qu'ils concernent et indiquent
« les numéros du bordereau qui seront
« appliqués au paiement de l'ouvrage.

« Chaque nouvel ordre est aussitôt pré-
« senté et, au besoin, notifié administra-
« tivement à l'entrepreneur, qui est tenu
« de le dater et de le signer. Dans le cas
« où les indications qu'il contient donne-
« raient lieu à des observations de l'en-
« trepreneur, celui-ci devra les formuler
« dans un délai de cinq jours ; faute de
« quoi, il sera réputé les avoir consenties
« avec toutes leurs conséquences.

« Le délai de cinq jours court à partir
« de la présentation ou de la notification
« administrative prévue par le paragraphe
« précédent. Le visa du chef du génie
« doit précéder cette notification, dans le
« cas où l'ordre contesté émane de l'offi-
« cier, chef d'atelier. »

Sous l'empire de ces dispositions, les
règles générales relatives aux ordres de
service donnés pour les travaux du génie
étaient les mêmes que celles que nous
venons d'exposer pour les travaux des
ponts et chaussées.

Quoique les marchés du génie militaire
soient le plus souvent passés sous la forme de marchés *sur série de prix*, n'ayant
pas de base fixe et ne déterminant pas
les quantités de chaque ouvrage, les travaux à exécuter sont néanmoins limités
à la construction d'un fort, d'une caserne,
d'une route stratégique. De plus, en exécution, il est remis à l'entrepreneur, au
fur et à mesure de l'avancement, un plan,
côté, des ouvrages à faire, avec un *bon
pour exécution* signé par le directeur des
travaux.

Lorsqu'après la remise de ces plans,
des modifications ou changements sont
ordonnés, l'entrepreneur se trouve dans
les conditions de l'article 10 du cahier des
ponts et chaussées, et les mêmes principes lui sont applicables.

L'ordre prescrivant les changements
doit être *écrit*.

Il doit émaner du chef du génie ou du
chef d'atelier, *avec visa* du chef du génie.

Il doit être notifié, inscrit sur un registre spécial qui y appose sa signature et
la date. Enfin, il doit contenir des indications précises.

Toutes les fois que l'entrepreneur ne
justifie pas d'ordres réguliers, le Conseil
d'Etat refuse l'allocation d'une indemnité.

Tel est le principe consacré par de
nombreux arrêts (arrêts des 9 février 1883,
Harmaud. — 21 mars 1883, *Leturgeon*. —
24 avril 1885, *Nercám*. — 3 juillet 1885, *Pe-
-cheverty*. — 18 décembre 1885, *Connard*. —
9 juillet 1886, *Vernaudon*.

A titre d'exception, l'ordre verbal a été
admis comme suffisant lorsqu'il est *reconnu* par les officiers directeurs, ou *établi*
par les pièces émanées de l'Administration (Arrêts du 8 juin 1850, *Monbrun*. —
24 février 1853, *Cressonnier*. — 12 août 1854,
Jourdan. — 8 février 1885, *Lescure*).

L'entrepreneur était tenu par le même
article 35 de formuler, dans un délai de
cinq jours francs, les observations auxquelles pouvait donner lieu l'ordre de
service. Ce délai passé, il était censé en
avoir accepté toutes les conséquences et
déchu de tout droit à réclamation.

Mais cette déchéance ne portait que sur
les *indications* et les conséquences prévues
au moment de la notification de l'ordre.

Par suite, l'entrepreneur pouvait toujours réclamer pour les *difficultés impré-
vues* relevées en cours d'œuvre et incon-
nues au moment de la convention (arrêt
du 5 mars 1875, *Giacobi*).

Il faut remarquer que la signature de
l'entrepreneur sur la notification de l'ordre *même sans réserves*, fait simplement
courir le délai de cinq jours, mais n'im-
plique aucune approbation du contenu de
l'ordre. En d'autres termes, malgré la signature par lui donnée, l'entrepreneur
a toujours cinq jours à partir de cette
signature pour réclamer ou faire des réserves.

Les réserves devaient être écrites et mo-
tivées dans le délai fixé. Des réserves
vagues et générales n'étaient pas admises (Arrêts du 22 février 1866, *Astier*. —
24 avril 1867, *Toussaint*. — 7 août 1874, *Le-
glos et Moret*).

Le nouveau cahier du 17 juillet 1889 a
complété et modifié la disposition du cahier de 1876, en posant des règles plus
précises.

Voici les termes des dispositions relatives aux ordres de service.

Registre d'ordres à l'entrepreneur

« Art. 13. — Un registre spécial, dit re
« gistre d'ordres, coté et parafé par le
« directeur, est destiné à recevoir l'ins-
« cription de tous les ordres, instructions
« et communications de toute nature qui
« doivent être notifiés à l'entrepreneur.
« Ce registre est déposé dans les bureaux
« du service.

« Chaque nouvel ordre, daté et signé,
« est aussitôt présenté à l'entrepreneur
« qui est également tenu de le dater et
« de le signer.

« En cas de refus, l'ordre lui est notifié
« par un agent assermenté qui en dresse
« procès-verbal.

« Lorsque l'entrepreneur ne signe le
« registre d'ordres qu'avec réserves ou
« refuse de le signer, il doit formuler ses
« observations par écrit dans un délai de
« cinq jours francs à partir de la signa-
« ture de l'ordre ou de la notification ad-
« ministrative ci-dessus prévue.

« Passé ce délai, l'entrepreneur est ré-
« puté avoir accepté l'ordre avec toutes
« ses conséquences. »

Ordres de service
pour l'exécution des travaux

« Art. 14. — L'entrepreneur doit com-
« mencer tout travail qui lui est prescrit,
« dans le délai fixé par l'ordre du chef du
« service, quelles que soient les réclama-
« tions qu'il ait à présenter.

« En cas de contestation, l'état des
« choses et des lieux doit être préalable-
« ment constaté par procès-verbal en pré-
« sence de l'entrepreneur, ou lui dûment
« convoqué, si l'exécution de l'ordre donné
« doit avoir pour effet de le modifier ou
« de le faire disparaître.

« L'entrepreneur se conforme stricte-
« ment aux plans, profils, tracés, ordres
« de service et, s'il y a lieu, aux types et
« modèles qui lui sont donnés pour les
« travaux.

« Il doit également se conformer aux
« changements qui lui sont prescrits en
« cours d'exécution des travaux, par la
« voie du registre d'ordres.

« Les payements ne sont faits que con-
« formément aux ordres ainsi donnés par

« écrit et, dans aucun cas, l'entrepreneur
« n'est admis à invoquer des ordres ver-
« baux pour réclamer le payement de
« travaux exécutés par lui. »

Des termes très clairs des nouveaux articles, il résulte :

1° Que tous les ordres, instructions et communications donnés à l'entrepreneur doivent être inscrits sur un registre spé- cial, coté et parafé par le directeur des travaux, et lequel reste déposé dans les bureaux ;

2° Que chaque ordre daté et signé est aussitôt présenté à l'entrepreneur qui est tenu de le signer et dater ;

Que s'il refuse de le faire, l'ordre lui est notifié par un agent assermenté qui dresse procès-verbal de la notification ;

3° Qu'en cas de signature de l'ordre, ou de signature avec des réserves — et c'est là la disposition la plus grave — *l'entreprenenr est tenu de formuler ses obser- vations par écrit, dans le délai de cinq jours francs*, à partir de sa signature ou de la justification de l'ordre ;

Que s'il ne le fait pas il est réputé avoir accepté l'ordre, *avec toutes ses conséquences.*

Le Conseil d'Etat applique rigoureuse- ment ce principe ;

Ainsi il a jugé :

Qu'il n'est dû aucun supplément de prix pour les travaux ordonnés sans ordres écrits ou en dehors d'un ordre écrit.

Arrêt du 8 août 1895 :

Thouvenot.

« Considérant que l'entrepreneur n'allè- gue l'existence d'aucun *ordre écrit* lui ayant prescrit la fourniture de moellons de choix pour la construction du cassis exécuté par voie d'économie ; que, dès lors, sa demande de plus-value a été à bon droit rejetée par le Conseil de Préfec- ture ;

« Considérant que l'entrepreneur ne jus- tifie d'*aucun ordre* lui ayant prescrit l'en- lèvement de déblais par couche de 0,05 à 0,25 d'épaisseur ;

« Considérant que le sieur Thouvenot ne justifie d'aucun ordre lui ayant imposé, en ce qui concerne le transport des dé- blais d'expériences, des sujétions particu- lières d'exécution ; que c'est donc à bon droit que l'arrêt attaqué a refusé d'allouer un prix supérieur à celui qui a été fixé par l'ordre n° 43 *accepté par l'entrepreneur* ;

« Considérant qu'en recommandant au sieur Thouvenot d'exécuter avec soin les parements vus des diverses maçonneries, l'officier, chef du chantier, ne lui a pas imposé de sujétion, le marché obligeant l'entrepreneur à exécuter tous les ouvrages de son entreprise avec tout le soin possible ; qu'il suit de là qu'*en l'absence de tout ordre* prescrivant des conditions particulières d'exécution de ces parements, le Conseil de Préfecture a rejeté à bon droit la demande d'un supplément de prix ; »

Que lorsqu'un accord est constaté par un ordre de service signé sans observations par l'entrepreneur, les clauses de cet accord doivent être appliquées.

Arrêt du 5 avril 1895 :

Méric.

« Considérant qu'il résulte de l'ordre de service n° 51 que, durant la période des travaux de l'exercice, l'abattage des saillies à la masse a été payé en vertu d'un accord passé entre l'entrepreneur et le capitaine du génie ; que le sieur Méric, en signant *sans observations* cet ordre de service, a reconnu, par là même, l'existence dudit accord, et qu'il n'est pas fondé contre son exécution. »

Que les prix visés dans les ordres de service doivent être appliqués au travail commandé, lorsque l'entrepreneur n'a pas formulé d'observations dans le délai de cinq jours.

Arrêt du 26 février 1897 :

Woelfflé.

« Considérant que les ordres portent que les maçonneries commandées seront payées au prix n° 132 du bordereau et que le prix n° 144 pour parements vus ne sera pas appliqué ; que le sieur Woelfflé n'ayant pas formulé d'observations au sujet de ces ordres dans le délai de cinq jours qui leur était imparti, *est réputé* en avoir accepté toutes les conséquences ; qu'ainsi sa réclamation qui tend à l'allocation du prix n° 144 a été à bon droit écartée comme non recevable ; »

Nous appelons l'attention de nos lecteurs sur cet arrêt, dont la portée est extrêmement grave et dont les conséquences sont désastreuses pour le droit des entrepreneurs.

Le principe appliqué place l'entrepreneur en dehors des règles les plus élémentaires qui régissent les marchés et conventions.

Il viole ouvertement la loi en laissant un simple officier directeur de travaux libre de modifier à son gré toute l'économie du contrat, en lui donnant ce droit monstrueux de défaire et refaire les conventions, si, dans le délai de cinq jours, l'entrepreneur, par inadvertance, surprise ou empêchement quelconque, ne proteste pas contre l'ordre préparé et calculé à loisir dans ses termes et sa portée par l'Administration de la Guerre.

Le jour où ce faux principe serait généralisé et étendu aux entreprises des ponts et chaussées et des départements et communes, la profession d'entrepreneur deviendrait impossible et nous regrettons de le voir appliquer, comme une vérité juridique, par la juridiction suprême chargée de sauvegarder les intérêts des deux parties en cause.

D'abord la loi est violée dans les dispositions de l'article 1134 ainsi conçu :

« *Les conventions légalement fermées, « tiennent lieu de loi à ceux qui les ont « faites.*

« *Elles ne peuvent être révoquées que de leur « consentement mutuel*, ou pour les causes que la loi autorise.

« Elles doivent être exécutées de bonne « foi. »

Or, il est bien évident que l'Administration écrivant à l'entrepreneur même par *ordre*, vous me ferez tel travail à tel prix, et non à tel autre, prend un droit qu'elle n'a pas et a la prétention exhorbitante de faire, par son unique volonté, un contrat qui ne peut se fermer que par le concours de deux consentements, celui du *maître* et celui aussi de l'*entrepreneur*.

L'*ordre* ne doit être considéré que comme une offre que l'exécuteur est libre de discuter et d'accepter ou non.

Nous comprenons le droit de l'ingénieur d'ordonner des changements et des modifications au projet, mais nous ne pouvons admettre qu'il ait le droit d'en fixer, sans discussion, les conditions et les prix.

Ensuite, l'entrepreneur ayant fait son rabais sur les prix de la série, à quoi bon une adjudication et un marché, puisque par un simple ordre non suivi de protestations, l'Administration peut modifier l'application du prix qui a servi de base au contrat, et même en imposer de nouveau.

Car il ne faut pas s'y tromper, la prétention de l'Administration est bien celle.

ci : *ordonner tout et imposer ma volonté toujours.*

Le délai pour protester n'est là que pour colorer le résultat.

La preuve c'est qu'il est le plus court possible, de *dix jours* pour les ponts et chaussées, de *cinq jours* pour le génie militaire.

Evidemment, et en admettant le droit de l'Administration, ce délai est trop court et constitue une surprise. Dans dix jours, dans cinq jours surtout, dans les cas graves, l'entrepreneur peut très bien ne pas se rendre compte des suites onéreuses pour lui de l'ordre donné et cependant il faut qu'il en supporte les excédents de dépenses dont l'Etat bénéficie.

Ce n'est pas juste. Il faudrait tout au moins un délai de plusieurs semaines.

Il est à remarquer, du reste, que les protestations *n'arrétent pas l'exécution*, la longueur du délai pour protester n'aurait aucun inconvénient. Et comme la posture de l'Etat serait plus honorable, quand il pourrait dire : l'entrepreneur a eu un mois, par exemple, pour faire ses observations et pendant un mois il a gardé le silence ; tout naturellement, les conclusions à en tirer c'est qu'il a trouvé les prescriptions de l'ordre conformes à son marché.

Quoi qu'il en soit, le Conseil d'Etat persiste dans sa jurisprudence et consacre les droits exhorbitants que s'arroge l'Etat, devenu ainsi juge et partie.

La décision suivante, dont les résultats ont été ruineux pour l'entrepreneur, en est une nouvelle et brute preuve.

Arrêt du 9 juillet 1897 :

Lapeyre

« Considérant que l'ordre n° 13 obligeant l'entrepreneur à s'adresser pour la fourniture de ciment à la maison Demarle et Lonquety de Boulogne, a été notifié le 30 juin 1875 au sieur Lapeyre et que celui-ci ne justifie pas avoir, dans le délai de quinze jours, présenté des observations au sujet de cet ordre ; qu'il est donc, aux termes de l'article 8 du cahier des charges, réputé l'avoir accepté, comme entièrement conforme aux clauses du marché et que, par suite, sa réclamation ultérieure aurait dû être rejetée comme non recevable ;

« Considérant qu'il y a lieu, en conséquence, de supprimer l'indemnité de 7,126 fr. 68, allouée par l'arrêté attaqué sous le 50e chef....... ....

« Considérant qu'il résulte de l'ordre n° 10 que ces parements devaient être payés comme parements façonnés ; que le sieur Lapeyre n'a pas présenté d'observations au sujet de cet ordre dans le délai prévu par l'article 8 du cahier des charges et qu'il n'est pas justifié que postérieurement à cet ordre, les officiers du génie aient modifié, par leurs instructions, les conditions dans lesquelles le sieur Lapeyre pouvait s'attendre à exécuter ces ouvrages, qu'il suit de là qu'il n'avait droit qu'au prix n° 229... .

Art. 14. — L'application de cet article ne peut donner lieu qu'à peu de difficultés quoiqu'il en soit la continuation de l'article 13.

Le travail ordonné doit, malgré toutes réclamations de l'entreprise, être commencé et, ajoutons, terminé dans le délai fixé. Il doit en être ainsi : l'urgence et une utilité de premier ordre étant le caractère dominant des travaux militaires.

Mais, afin de sauvegarder tous les droits. lorsque l'état des choses doit être modifié, la constatation en est faite régulièrement.

Bien entendu, l'entrepreneur doit se conformer strictement aux plans types et modèles, en un mot, aux instructions données par l'ordre de service.

Mais — point important — les payements ne sont faits que conformément aux *ordres donnés par écrit* et, dans aucun cas, l'entrepreneur ne peut invoquer des *ordres verbaux* pour réclamer le payement de travaux exécutés par lui.

Cette nouvelle rédaction brutale comme un coup de sabre, coupe court à toute contestation.

L'entrepreneur est averti, quel que soit le travail exécuté, s'il n'est pas compris dans le projet ou ordonné *par écrit* ; il n'est pas payé et ne peut l'être, même quand il a été commandé *verbalement* et que l'ordre donné ainsi est *reconnu*.

La disposition nouvelle de l'article 14 est formelle et nul doute que le Conseil d'Etat appelé à prononcer la déchéance ne l'applique à la lettre.

Donc, comme conclusion, l'entrepreneur des travaux du département de la Guerre est prévenu qu'à peine de pertes de tout droit à réclamation, il doit :

1° Exiger un *ordre écrit* ;

2° Si cet ordre lui paraît contraire à

ses obligations, formuler des réserves au bas de l'ordre et présenter ses observations *dans les cinq jours francs* de la signature ou de la notification de l'ordre.

Faute de le faire, il est réputé avoir accepté l'ordre avec toutes ses conséquences, c'est-à-dire avec toutes les indications de conditions et de prix qu'il énonce.

Travaux communaux

Toutes les règles que nous avons formulées sous le chapitre des ponts et chaussées leur sont applicables ; mais avec beaucoup plus d'avantages pour l'entrepreneur.

Il est ,en effet, admis que lorsque les changements sont *ordonnés même verbalement, reconnus indispensables* ou utiles, ils doivent être payés.

Ici on trouve l'application juste des principes d'éternelle justice que : « *nul ne peut s'enrichir aux dépens d'autrui.* »

Alfred Doussaud,

Avocat.

OUVRAGES DU MÊME AUTEUR

Entrepreneurs des Forts construits de 1874 à 1878 (publié en 1879).

Expertises en matière de Travaux publics (1880).

Marchés à forfait (1881).

La Régie (1881).

Imprévisions dans les Entreprises de Travaux publics (1886).

Commentaire de la Loi du 22 juillet 1889 sur la Procédure à suivre devant les Conseils de Préfecture (1892).

Extractions de matériaux et Occupations temporaires (1893).

Commentaire de la Loi du 29 décembre 1892 sur les Dommages causés à la Propriété privée par l'exécution des Travaux publics (1893).

Aide Mémoire de l'Entrepreneur (1898).

Règles d'applications et d'exemptions des Droits d'Octroi (1898).

Nouvelles Clauses et Conditions générales du 16 février 1892 (1899).

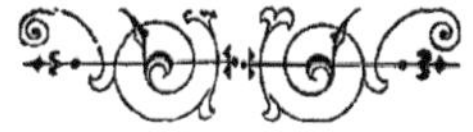

Treizième année.   **ALGÉRIE-TUNISIE**   Treizième année.

JOURNAL GÉNÉRAL
DE L'ALGÉRIE ET DE LA TUNISIE

Affiches Algériennes & Tunisiennes, Journal Général d'Affiches Algériennes & Tunisiennes, Journal des Travaux publics, Petit Journal d'Affiches, Feuille d'Avis Algériens, Alger-Affiches, Moniteur des Ventes et de la Location

PETITES ANNONCES ALGÉRIENNES ET TUNISIENNES

ORGANE OFFICIEL DU SYNDICAT COMMERCIAL ALGÉRIEN
AINSI QUE DU SYNDICAT DES ENTREPRENEURS DE TRAVAUX DE L'ALGÉRIE ET DE LA TUNISIE

Journal de la Colonisation Algérienne et Tunisienne par les Travaux publics

Spécial aux Commerçants, Industriels, Agents-Voyers, Ingénieurs, Architectes, Mécaniciens, Entrepreneurs, Propriétaires et Colons

BULLETIN OFFICIEL DES ADJUDICATIONS DE TRAVAUX PUBLICS ET FOURNITURES

Pour le Gouvernement, l'Armée, la Marine, les Départements, les Communes mixtes, les Communes de plein exercice, les Hôpitaux, les Forêts de l'Algérie, les Domaines, etc., etc...

Ventes par Avoués, Notaires, Commissaires-Priseurs, Courtiers, Domaines, etc..

Publication de Sociétés, Faillites, Liquidations judiciaires, Séparations de biens, Divorces, Interdictions. — Ventes de Fonds de commerce. — Tirages financiers. — Ventes de Propriétés et Immeubles. — Location de Maisons, Villas, Appartements et Locaux.

PARAISSANT LES JEUDI ET DIMANCHE

ADMINISTRATION ET RÉDACTION : 29, RUE D'ORLÉANS. — ALGER

Abonnements

Algérie......	Six mois : **10** fr.	— Un an :	**18** fr.
France et Tunisie...	— **13** »	—	**25** »
Etranger	— **16** »	—	**30** »

Les Abonnements sont reçus au Bureau du journal et, sans frais, dans tous les Bureaux de Poste.

9 782019 248192